28 mars 1892

VENTE DU 28 MARS 1892, ET JOURS SUIVANTS

APRÈS DÉCÈS

DE M. E. CHRISTOPHE

STATUAIRE

MOBILIER ARTISTIQUE

TABLEAUX, DESSINS

GARNISSANT UN HOTEL

4, place Malesherbes, 4

PARIS

Et provenant du Château de la Cigogne

(INDRE-ET-LOIRE)

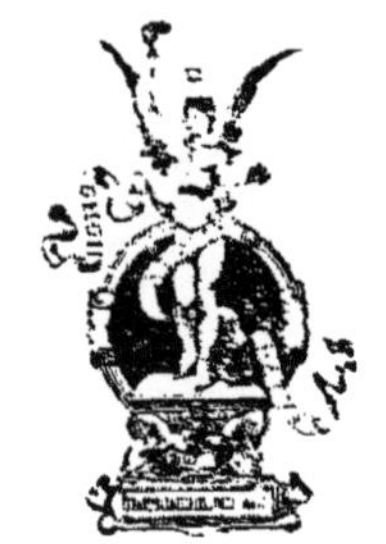

CATALOGUE

DU

MOBILIER ARTISTIQUE

CURIOSITÉS

TABLEAUX, DESSINS, AQUARELLES

ANCIENS ET MODERNES

Par E. Delacroix, Louis Leloir, Fromentin, Protais
Géricault, Tiepolo, etc.

BRONZES DE BARYE

GRAVURES

FAIENCES HISPANO-MAURESQUES

PERSANES, ITALIENNES, FRANÇAISES ET HOLLANDAISES

OBJETS DE L'EXTRÊME-ORIENT

Bronzes, Cloisonnés, Cuivres gravés, Porcelaines de Chine
Panneaux en laque de Coromandel, Kakémonos

SCULPTURES EN BOIS

Marbres, Terres cuites, Bronzes d'art et d'ameublement, Étains, Cuivres

MEUBLES DE LA RENAISSANCE

Coffres, Meubles à deux corps, Tables, Glaces et Miroirs
Consoles dorées

LITS LOUIS XVI, SIÈGES ANCIENS

Tapisseries, Broderies, etc.

DONT LA VENTE AURA LIEU

Après décès de M. E. Christophe, statuaire

EN SON HOTEL

4, place Malesherbes, 4

Les Lundi 28, Mardi 29, Mercredi 30 et Jeudi 31 Mars 1892

A DEUX HEURES

COMMISSAIRE-PRISEUR

Me HENRI BERNIER

11, rue Saint-Lazare, 11

EXPERTS

Pour les Objets d'art	*Pour les Tableaux*
M. Charles MANNHEIM	**M. EUGÈNE FÉRAL**
7, rue Saint-Georges, 7	54, Faubourg-Montmartre, 54

EXPOSITIONS

4, PLACE MALESHERBES, 4

PARTICULIÈRE : *Le Samedi 26 Mars 1892*
PUBLIQUE : *Le Dimanche 27 Mars 1892*

DE 1 HEURE 1/2 A 5 HEURES 1/2

ORDRE DES VACATIONS

Lundi 28 Mars

Tableaux, aquarelles, gravures, photographies, matériel et mobilier d'atelier, plâtres. N°s 1 à 57

Mardi 29 Mars

Faïences, porcelaines, argenterie, sculptures, étains, cuivres, bronzes européens et orientaux. — 58 à 180

Mercredi 30 Mars

Objets variés de l'Orient, pendules, bronzes d'ameublement, meubles, sièges, tapisseries, tentures murales. . . . . — 181 à 281

Jeudi 31 Mars

Linge, vaisselle, verrerie, ustensiles de cuisine, literie, rideaux, meubles courants, etc.

CONDITIONS DE LA VENTE

Elle sera faite au comptant.

Les acquéreurs payeront en sus des enchères *cinq pour cent.*

L'exposition mettant le public à même de se rendre compte de l'état des objets, il ne sera admis aucune réclamation une fois l'adjudication prononcée.

Paris. — Imprimerie de l'Art. E. Ménard et Cie 41, rue de la Victoire

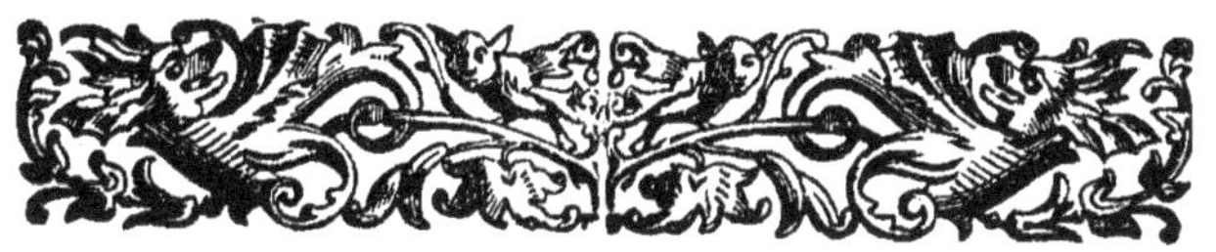

DÉSIGNATION DES OBJETS

TABLEAUX

BOSSCHAERT

1 — *Fleurs et Oiseaux.*

Dessus de porte.

DELACROIX (Eugène)

2 — *Portrait de jeune femme.*

Esquisse.

DELACROIX (Eugène)

3 – *Religieuse.*

En buste.

ÉCOLE FRANÇAISE

4 — *Portrait d'homme.*

Cadre bois sculpté.

ÉCOLE FRANÇAISE

5 — *Portrait de femme.*

Cadre bois sculpté.

ÉCOLE FRANÇAISE

(XVIe SIÈCLE)

6 — *Portrait d'un gentilhomme.*

ÉCOLE FRANÇAISE

7 — *La Musique.*

Allégorie.
Panneau de voiture.

ÉCOLE FRANÇAISE

8 — *Portrait de magistrat.*

ÉCOLE ITALIENNE

9 — *Paysages; personnages et animaux.*

ÉCOLE ITALIENNE

10 — *La Charité.*

ÉCOLE MODERNE

11 — *Promenade dans un jardin public.*

HÉDOUIN

12 — *Paysage; la porte du parc.*

LANSYER

13 — *Marine.*

LARGILLIÈRE (Genre de)

14 — *Portrait de femme.*

MONNOYER (Baptiste)

15 — *Fleurs et Fruits.*

Dessus de porte.

PROTAIS

16 — *Cavalier aux avant-postes.*

VÉRONÈSE (D'après)

17 — *Moïse sauvé des eaux.*

LATOUR (Attribué à)

18 — *Portrait d'homme.*
Pastel.

AQUARELLES

ÉCOLE MODERNE

19 — *Portrait de guitariste.*
Aquarelle.

LELOIR (Louis)

20 — *Déesse sur un char.*
Aquarelle.

POLLET

21 — *Portrait de jeune femme.*

Aquarelle.

DESSINS

BIDA

22 — *Le Christ guérissant un aveugle.*

Dessin au crayon noir.

BIDA

23 — *Portrait de M. Christophe.*

Dessin au crayon noir, sur papier bleu, rehaussé de blanc.

BIDA

24 — *Sujets religieux.*

Dessins au crayon noir.
Deux pendants.

CARMONTEL (Attribué à)

25 — *Portrait de la duchesse de Chaulnes.*

Sanguine et lavis de sépia.

CLOUET (École de)

26 — *Portrait de jeune femme.*

Dessin à la pierre d'Italie et sanguine.

DAUMIER (Attribué à)

27 — *Attaque de voleur.*

Dessin à l'estompe.

DELACROIX (Eugène)

28 — *Tribun romain.*

Dessin à la mine de plomb.

DELACROIX (Eugène)

29 — *Deux sujets mythologiques.*

Dessins à la plume.

ÉCOLE FRANÇAISE

30 — *Portrait de femme.*

Dessin rehaussé au pastel.

ÉCOLE ITALIENNE

31 — *La Sainte Famille.*

Dessin.

ÉCOLE ITALIENNE

32 — *Allégorie.*

Dessin au crayon et à l'encre de Chine.

ÉCOLE MODERNE

33 — *Portrait de femme.*

Dessin.

FROMENTIN

34 — *Paysage d'Orient.*

Dessin au fusain rehaussé de blanc.

FROMENTIN

35 — *Cavaliers arabes.*

Dessin.

*

GÉRICAULT

36 — *Campement.*
Dessin à la sépia.

GÉRICAULT

37 — *Le Baiser.*
Sépia.

GÉRICAULT

38 — *Cavalier au galop.*
Dessin à la sanguine.

HÉDOUIN (E.)

39 — *Le Jardin des Tuileries.*
Dessin au fusain,

LELOIR (Louis)

40 — *Portrait de M. Christophe.*
Dessin à la plume.

MANTÉGNA (Attribué à)

41 — *Portrait.*
Dessin à la pierre d'Italie sur papier blanc.

METZU (Attribué à G.)

42 — *Femme lisant.*

Dessin au crayon noir.

RUYSDAËL (Attribué à)

43 — *Paysage coupé par une rivière.*

Dessin à la pierre d'Italie.

TIÉPOLO

44 — *Quatre sujets religieux.*

Dessins à la sépia.

VÉRONÈSE (Attribué à)

45 — *Antoine et Cléopâtre.*

Dessin à l'encre de Chine.

WATTEAU (Attribué à)

46 — *Musiciens.*

Sanguine.

GRAVURES

HÉDOUIN

47 — *Gravure d'après Delacroix.*

Épreuve d'essai.

HÉDOUIN

48 — *Le Repas.*

Gravure d'après Van Loo.

HÉDOUIN

49 — *Gravure.*

50 — *Le Jugement dernier*, de Michel-Ange.

Gravé par Éderingh.

51 — *Sujets allégoriques.*

52 — *Portrait de Cardinal*, par Morin, d'après Van Dyck.

53 — Gravures et eaux-fortes diverses, d'après Albert Dürer, Callot, le Poussin, etc.

MINIATURES

54 — Trois miniatures.

PHOTOGRAPHIES

55 — Photographies encadrées.

56 — Deux albums de photographies.

57 — Panneau laqué : Sujet chinois.

FAIENCES

58 — Hispano-mauresque. Grand plat à reflets métalliques offrant au centre un écu armorié, entouré de trois couronnes concentriques de feuillages, en bleu et jaune chamois à reflets. — Diam., 45 cent.

59 — Hispano-mauresque. Grand plat à reflets métalliques ; l'ombilic montre un écu échiqueté et fleurdelisé ; le pourtour et le marli, des bandes à arabesques et fleurons. — Diam., 46 cent.

60 — Hispano-mauresque. Plat à décor rayonnant, à reflets métalliques. — Diam., 40 cent.

61 — Faience persane. Buire à décor de fleurons et de feuilles réservés en blanc et ponctués de rouge, sur fond émaillé bleu. — Haut., 21 cent.

62 — Faience persane. Plat à gerbes de fleurs et de feuilles ponctuées de rouge, sur fond bleu. Marli à enroulements bleu et rouge, sur fond blanc. — Diam., 30 cent.

63 — Faience persane. Plat à décor d'œillets et

de tulipes en émaux de couleur sur émail blanc. — Diam., 30 cent.

64 — Faience persane. Plat à décor d'œillets et de palmes en bleu, rouge et vert, sur fond blanc. — Diam., 32 cent.

65 — Faience persane. Plat à décor d'ornements polychromes sur émail blanc. — Diam., 30 cent.

66 — Faience persane. Plat à œillets rouges et tulipes bleues. — Diam., 26 cent.

67 — Faience persane. Plat analogue de décor. — Diam., 26 cent.

68 — Faience de Perse. Beau plat à décor de palmes et d'œillets en bleu, rouge et vert sur émail blanc. — Diam., 28 cent.

69 — Faience de Perse. Plat à tulipes et fleurs, en bleu et rouge, sur émail verdâtre. — Diam., 32 cent.

70 — Faience de Perse. Plat à gerbe d'œillets et de fleurettes, émaillées en rouge, bleu et vert, sur fond blanc. — Diam., 30 cent.

71 — Amphore à deux anses en faïence émaillée, à décor de style persan.

72 — Faience italienne. Grande fontaine cylindrique, à décor polychrome sur fond blanc, représentant Bacchus enfant, entouré de festons de pampres. Au-dessus de la figure est un écu armorié; la frise supérieure de cette fontaine montre un cartel portant une date et soutenu par des chimères. — Haut., 1 m. 15 cent.

73 — Castel-Durante. Deux pots ovoïdes et surbaissés, à décor polychrome, médaillons bustes, fleurs et feuillages, sur fond bleu.

74 — Faience de Gênes. Deux vases ovoïdes et à deux anses, décorés de figures et de paysages en camaïeu bleu.

75 — Urbino. Coupe lobée, à décor polychrome : Amour dans un médaillon encadré de grotesques. — Diam., 25 cent.

76 — Faenza. Deux gros cornets de pharmacie, à décor polychrome sur fond blanc : fruits, feuillages et festons.

77 — Faience italienne. Vase à anses cariatides,

décoré en bleu de coquilles et de guirlandes ; le couvercle est surmonté d'une figurine d'amour soutenant un écusson.

78 — Faience persane. Deux plaques modernes : figures de cavaliers en relief, émaillées en couleurs.

79 — Castelli. Plat à décor polychrome : au fond, paysage et architecture ; au marli, un blason, des rinceaux de feuillages. Cadre noir.

80 — Castelli. Plat analogue au précédent.

81 — Castelli. Petit plat à décor polychrome : Vue d'un port de mer.

82 — Faience italienne. Pot de pharmacie, décor bleu à cariatides : fleurs et inscriptions.

83 — Faience hollandaise. Plaque rectangulaire représentant une vue de ville, en camaïeu bleu.

84 — Faience italienne. Plat moderne, à médaillon d'amour et grotesques, dans le goût des faïences d'Urbino.

85 — Faience a décor polychrome. La Mort d'Orphée, dans le goût des faïences d'Urbino.

**

86 — Coupe à décor de grotesques et ombilic à paysage.

87 — Delft doré. Cruche côtelée, à décor de fleurs et lambrequins en bleu, rouge et or. — Haut., 22 cent.

88 — Delft doré. Deux petits plats à décor de perdrix et de feuillages, dans le style chinois. — Diam., 21 cent.

89 — Rouen. Sucrière à couvercle en dôme ajouré, décor en bleu et rouille. — Haut., 19 cent.

90 — Milan. Assiette polychrome et dorée, à armoirie et double bordure.

91 — Milan. Deux assiettes à sujets de chasse, en camaïeu rouge sur fond blanc, avec marlis émaillés bleu.

92 — Delft. Grande bouteille à pans, décor bleu : figures et lambrequins dans le goût chinois.

93 à 95 — Delft. Six plats à décor bleu et décor polychrome.

96 — Delft. Plat à fleurs et feuillages en bleu et vert.

97 — Delft. Deux vases ovoïdes, à décor de fleurs en bleu et rouge.

98 — Delft. Grande bouteille à pans, décor bleu : fleurs et lambrequin.

99 — Delft. Deux vases ovoïdes et côtelés, à décor bleu : corbeilles fleuries et motifs d'encadrement.

100 — Nevers. Gourde plate à deux anses, têtes de bélier, et décor bleu : médaillons à paysages.

101 — Rouen. Grande fontaine et son bassin, à décor bleu de rinceaux et de guirlandes. La fontaine est appliquée sur un panneau qui surmonte une console à moulures et ornements sculptés, de l'époque Louis XV.

102 — Rouen. Soupière ronde et côtelée, à décor polychrome de fleurs. Un fruit forme le bouton du couvercle.

103 — Rouen. Quatre saucières variées de décor.

104 — Rouen. Soupière oblongue, décor polychrome à la Corne.

105 — Delft. Assiettes décorées en bleu.

106 — Faiences diverses. Grands plats, saladiers, assiettes, Rouen, Nevers, etc., etc.

107 — Lampe antique en terre rouge : bœufs en réserve sur fond peint noir.

108 — Petit vase antique, à deux anses surélevées, en terre peinte, offrant sur chaque face une tête de femme.

PORCELAINES

109 — Grand vase balustre carré en porcelaine de Chine, à couverte d'émail rouge flambé.

110 — Grande jardinière semi-ovoïde en porcelaine la Chine, décorée de nombreux personnages en émaux de couleurs. Support en bois de fer à six pieds.

111 — Aiguière en vieux Chine, à décor bleu, représentant des fontaines.

112 — Grand plat en vieux Chine, décoré en émaux de couleurs; au fond, deux brebis et des pivoines ; au marli, trois branches de chrysanthèmes. — Diam., 41 cent.

113 — Grand plat, vieux Chine, décoré en émaux de la famille rose, de plantes aquatiques avec oiseaux et fleurs sur le marli. — Diam., 44 cent.

114 — Plat creux à figure de femme et gazelle.

115 — Assiette en vieux Chine, décorée au fond d'une scène familiale en émaux de couleurs; marli à réserves, fleurs en bleu sur blanc alternant avec des médaillons rouge et or.

116 — Deux bouteilles en porcelaine du Japon, décor à branches de fleurs en bleu. Elles sont montées en lampe.

117 — Deux pots à tabac en Chine, à décor de fong-hoangs et de fleurs en bleu, rouge et or.

118 — Lots d'assiettes en Chine et en Japon.

119 — Groupe de trois figures, en terre de Boccaro.

120 — Wedgwood. Théière à figures et ornements en relief, réservés en biscuit blanc sur fond bleu.

ARGENTERIE

121 — Vidrecome à pied et son couvercle surmonté d'une figurine de guerrier, en argent repoussé et doré. Travail allemand.

122 — Sucrier ovale élevé sur quatre pieds à têtes de béliers, en argent fondu et estampé, modèle à guirlandes, amours et branches de laurier. Style Louis XVI.

123 — Deux salières, bouts de table, à figurines d'amours et guirlandes avec pyramides dans l'entredeux, argent estampé. Style Louis XVI.

124 — Petite cafetière piriforme en argent uni, à couvercle bordé de godrons.

125 à 127 — Douze couverts : une louche et vingt-quatre cuillères à café en argent.

128 — Montre à remontoir en argent, avec chiffre E. C en or et chaîne composée de médaillons en or et fer.

SCULPTURES

129 — Terre cuite de Tanagra. Figurine de femme debout, la tête légèrement inclinée en avant, les deux bras sous le manteau. — Haut., 19 cent. 1/2.

130 — Terre cuite de Tanagra. Figurine de femme drapée de long, les deux bras sous le manteau, la tête penchée en avant. — Haut., 17 cent.

131 — Marbre blanc. Tête de Vénus. Travail italien du XVIe siècle. Style antique. Socle carré en marbre. — Haut., 10 cent.

132 — Marbre blanc. Tête de Jupiter. Travail italien du XVIe siècle. Style antique. Socle en marbre. — Haut., 10 cent.

133 — Bois sculpté. Statuette d'enfant nu, tenant une sphère. Italie. XVIe siècle. — Haut., 20 cent.

134 — Bois sculpté, peint et doré. Groupe : la Vierge assise et portant l'Enfant Jésus. Remarquable travail italien du XVIe siècle. De style michelangesque. — Haut., 45 cent.

135 — Bois sculpté, peint et doré. Deux groupes-appliques hauts-reliefs ; l'un composé de cinq figures de musiciens ; l'autre de quatre figures allégoriques aux sciences. Travail allemand du XVIIe siècle. — Haut., 17 cent. ; larg., 31 cent.

136 — Buis sculpté. Petit groupe : la Vierge assise et soutenant l'Enfant Jésus sur ses genoux. Beau travail français du XVIIe siècle. Socle en bois noir. — Haut., 17 cent.

137 — Bois sculpté. Petit groupe : la Vierge debout, portant l'Enfant Jésus. Travail français du XVIIe siècle. — Haut., 11 cent.

138 — Deux consoles-appliques en bois sculpté, doré et peint blanc. Italie. XVIIe siècle.

139 — Petite console-applique à mascaron, feuillages et volutes en bois sculpté et doré du XVIIe siècle.

ÉTAINS, CUIVRES

140 — Étain. Grand bassin d'aiguière, de *F. Briot*, à figures allégoriques avec sur l'ombilic la Tempérance. Au revers, la médaille de l'artiste.

141-142 — Étain. Deux petits plats à figures équestres de princes allemands. xviie siècle.

143 — Étain. Deux écuelles à oreilles de l'époque Louis XIV.

144 — Étain. Quatre plats à bords contournés.

145 — Grande aiguière italienne en cuivre rouge repoussé à godrons et perles. xviie siècle.

146 à 148 — Cinq plats gothiques en cuivre repoussé à rosaces centrales faites de godrons en spirales ; entourés de bandes à inscriptions.

149 — Jardinière ovale en cuivre repoussé à forts godrons, élevée sur quatre pieds griffes de lions.

BRONZES EUROPÉENS

150 — Statuette de guerrier antique en bronze doré, placée sur un édicule carré que supporte un pied, partie en bronze et partie en cuivre repoussé, enrichi de cabochons champlevés et émaillés bleu. Travail italien du xvie siècle.

151 — Coupe en forme de coquille soutenue par un monstre marin à tête humaine. Bronze italien du XVIe siècle.

152 — Tête de Méduse, bronze d'après Benvenuto Cellini.

153 — Statuette de femme, la tête ceinte d'une couronne, tenant un bouquet à la main gauche; la main droite, élevée, tenait une épée qui a disparu; socle en marbre. XVIe siècle.

154 — Pomme d'amortissement composée de trois têtes d'hommes (les trois Ages) en bronze doré. Italie, fin du XVIe siècle. — Haut., 14 cent. — Piédouche en marbre.

155 — Buste en bronze de Rude, par *P. Cabet.*

156-157 — Deux éléphants en bronze, de Barye; anciennes épreuves.

158 — Cerf en bronze, de Barye; épreuve ancienne.

159 — Groupe en bronze muni d'une patine noire : Hercule lançant Lychas à la mer, d'après Canova. — Haut., 42 cent.

160 — Mortier en métal de cloche offrant au pourtour des cariatides alternant avec des mascarons ; le bord est fleurdelisé. XVIe siècle.

161 — Médaillon en bronze doré : Portrait de François Ier.

162 — Plaquette rectangulaire en bronze doré : le Calvaire, dans un cadre de bois noir à moulures guillochées.

163 — Médaillon en bronze : buste de Charles IX, représenté de trois quarts.

164 — Plaque de serrure et moraillon en bronze doré. Style Renaissance.

BRONZES ORIENTAUX

165 — Bronze de la Chine. Chien de Fô, une griffe sur la boule ajourée. — Haut., 70 cent.

166 — Brûle-parfums à deux anses figurées par des dragons et pieds à têtes de chimères ; le couvercle, ajouré, est surmonté de la figure du Dieu de Longévité assis sur le cerf couché.

167 — Bronze chinois. Joueur de flûte assis sur un buffle.

168 — Bronze. Divinité boudhique.

169 — Bronzes chinois frottés d'or : deux Divinités boudhiques debout sur des buffles ; socles en bois de fer.

170 — Deux flambeaux à tiges de fer en forme de fleurs, élevés sur trois pieds trompes d'éléphants ; socles en bois ajouré.

171 — Deux vases balustres à anses têtes chimériques à anneaux mouvants, en bronze noir de la Chine.

172 — Coupe surbaissée à deux petites anses et trois pieds, sur socle figurant une feuille. Bronze japonais.

173-174 — Deux crabes en bronze du Japon, à patine noire.

175 — Canard en bronze du Japon, formant brûle-parfums.

176 — Petit pitong en bronze japonais, à pourtour d'entrelacs, décoré d'éventails, de fleurs, de papillons en reliefs et dorés.

177 — Autre à figures et oiseaux en relief avec parties frottées d'or.

178 — Deux petits vases balustres à pans avec anses, têtes de chimères à anneaux mouvants. Bronze noir.

179 — Vase balustre carré à zones superposées de grecques et d'ornements.

180 — Vase en bronze uni.

OBJETS VARIÉS DE L'ORIENT

181 — Six panneaux en laque de Coromandel, à reliefs avec rehauts d'or, représentant des sujets de chasse.

182 à 185 — Dix-huit masques japonais en bois laqué et décoré au naturel.

186 — Grande et belle aiguière en cuivre plaqué d'argent, décorée de médaillons et de cartels à inscriptions et entrelacs ciselés et gravés. Ancien travail persan.

187 — Plateau persan en cuivre gravé et étamé

188 — Écran chinois en bois de fer sculpté, grecques et rinceaux; la feuille est formée d'une peinture sur verre, oiseaux et grands arbres.

189 — Vase surbaissé et à deux anses en ancien émail cloisonné de la Chine, à décor de fleurs arabesques en émaux de couleurs sur fond bleu lapis. — Haut., 13 cent.

190-191 — Deux jattes en émail cloisonné du Japon.

192 — Bassin persan en cuivre gravé et étamé.

193 — Plaque ronde en métal noir de l'Inde décoré d'incrustations d'argent. Elle est encadrée.

194 — Jardinière en cuivre gravé de la Perse.

195 — Poignard persan à lame droite damasquinée d'or, poignée en morse garnie de rivets en fer damasquiné.

196 — Épée à lame large et gravée.

197 — Sabre japonais.

198 — Couteau oriental à poignée en morse, garniture et fourreau en argent.

199 — Gaine de couteau en émail cloisonné de la Chine.

200-201 — Théière et cafetière en cuivre, à décor d'oiseaux et d'ornements argentés et dorés. Travail chinois.

202 — Kakémono. Peinture sur soie : Deux Chats devant un buisson de pivoines.

203 — Kakémono. Animal sauvage tapi dans un buisson.

204 — Kakémono. Vautour se regardant dans l'eau.

205 — Kakémono. Singes sur une branche.

206 — Kakémono. Dames japonaises dans la campagne.

207 — Très grand kakémono. Cigogne et oiseaux aux plumages multicolores.

208 — Deux autres. Fleurs et oiseaux.

209 — Kakémono. Peinture sur soie, représentant un paon sur un rocher.

210 — Deux kakémonos. Fleurs, papillons et rochers.

PENDULES ET BRONZES D'AMEUBLEMENT

211 — Petite pendule forme dite religieuse, en écaille incrustée de filets de cuivre et garnie de pilastres à chapiteaux corinthiens, de moulures et de galeries à vases en bronze. Époque Louis XIV.

212 — Pendule religieuse à fronton cintré, supporté par deux pilastres, en marqueterie de cuivre sur écaille.

213 — Grande pendule cintrée du haut, en marqueterie de cuivre sur écaille, garnie de bronzes dorés ; sous le cadran, une applique représente Hercule et Apollon. Une figurine de déesse couronne la pendule.

214 — Petite pendule Louis XVI en marbre blanc et bronze doré, et deux cassolettes sur trépieds de même style.

215 — Cartel du temps de Louis XVI, en bronze ciselé et doré, modèle à vase et guirlandes. Cadran au nom de *Lamy h^r de M^r le Dauphin.*

216 — Deux bras de mur, à une lumière chacun,

prenant naissance dans la bouche d'un masque faunien ; bronze ciselé et doré. Époque Louis XIV.

217 — Deux seaux à glace, à deux anses, avec collerette et piédouches à godrons ; cuivre doré. XVIIe siècle.

218 — Deux flambeaux côtelés et cannelés, de forme Louis XV.

219 — Deux flambeaux Louis XVI à cannelures en bronze doré ; des couronnements à deux lumières y ont été adaptés.

220 — Deux paires de flambeaux Louis XIV.

GLACES, MIROIRS

221 — Glace biseautée dans un cadre doré, surmonté d'un fronton Louis XIV en bois sculpté et doré : trophée d'armes.

222 — Glace d'entredeux dans un cadre à baguettes en faisceau rubans et fleurs, de l'époque Louis XVI.

223 — Glace dans un encadrement chinois en bois sculpté, à dragons en relief et dorés sur champ rouge.

224 — Miroir dans un cadre italien en bois sculpté et doré.

225 — Petit miroir Louis XIV à cadre sculpté et doré.

226 — Petit miroir Louis XV à cadre sculpté et doré.

227 — Deux miroirs étroits, munis de petites consoles; cadres à frontons en bois sculpté et doré. XVIIIe siècle.

MEUBLES, SIÈGES, TAPISSERIES

228 — Meuble à deux corps du XVIIe siècle, en noyer sculpté à motifs de feuillages, sur les portes, les montants et la frise qui est en outre décorée de trois mascarons.

229 — Meuble à deux corps de la fin du XVIe siècle, en noyer; les entredeux des portes et les angles sont décorés de colonnes engagées, la frise de trois têtes d'enfants en bas-relief.

230 — Grand meuble en noyer, à deux corps et à quatre portes à caissons moulurées, encadrées de colonnes torses partiellement noircies. Époque Louis XIII.

231 — Coffre en bois sculpté ; la façade présente en bas-relief un médaillon ovale : Léda ; des cariatides sont adossées aux montants. XVIe siècle.

232 — Coffre analogue au précédent ; le médaillon représente Amphitrite. XVIe siècle.

233 — Table en noyer du XVIIe siècle, à pieds tournés reliés par un croisillon en X.

234 — Table Henri II, à allonges, supportée à chaque bout par deux colonnes élevées sur patins avec entretoise et arcature.

235 — Table en chêne à pieds tors avec moulures à feuillages.

236 — Chiffonnier en noyer à montants cannelés.

237 — Table à tiroir en noyer, à pieds tournés et croisillon en X. XVIIe siècle.

238 — Table italienne en ébène enrichie d'arabesques et d'ornements en incrustations d'ivoire gravé.

239 — Petite table en noyer à pieds tors.

240 — Table portugaise en bois noir à pieds tournés reliés par des traverses torses ; le bandeau

est orné de moulures guillochées et d'appliques en cuivre repercé.

241 — Cabinet à deux vantaux recouvrant les tiroirs et sa table-console en laque noir et or, à décor dans le goût chinois.

242 — Console rectangulaire en bois sculpté et doré ; bandeau à rinceaux fleuris, pieds fuselés à côtes en spirale. Tablette en marbre blanc. Époque Louis XVI.

243-244 — Deux consoles en bois sculpté et doré, de forme contournée ; ceinture à mascarons, rinceaux et fleurs supportée par quatre pieds à têtes de femmes ailées en haut-relief, avec traverse d'entrejambes à dragons. Tablettes en marbre vert de mer. XVIIIe siècle.

245 — Grand lit de l'époque Louis XVI, en bois sculpté et peint blanc, à tortils de rubans et entrelacs ; les montants sont formés de piliers carrés à cannelures rudentées, surmontés de panaches ; les panneaux des extrémités sont tendus de satin crème brodé en soie de couleurs.

246 — La tenture du lit qui précède, panneau de fond, rideaux, bonnes-grâces en satin de Chine crème, à festons et papillon, oiseaux, etc., en broderie de soies de couleurs.

247 — Deux petits rideaux de croisée, satin brodé, allant avec la décoration du lit.

248 — Deux chaises Louis XVI, dossiers à lyres, couvertes en satin crème brodé.

249 — Lit Louis XVI, cantonné de colonnes détachées et surmontées de pommes de pin; il est peint blanc et rehaussé de dorure,

250 — Table de nuit hollandaise en marqueterie de bois à motifs de fleurs, oiseaux.

251 — Deux encoignures Louis XVI, à façades cintrées en marqueterie de bois rose et de palissandre avec tablettes en marbre bordées d'un quart de rond.

252 — Petite encoignure Louis XVI, bois rose et filets marquetés.

253 — Glace-psyché de l'Empire, en acajou incrusté de cuivre, les colonnes sont surmontées de sphinx en bronze doré.

254 — Grande table ovale sur pieds cannelés, en acajou. Style Louis XVI.

255 — Petit secrétaire Louis XVI en acajou, orné de baguettes en cuivre poli. Dessus en marbre blanc.

256 — Table en noyer. Style Henri II.

257 — Deux lampadaires en acajou, à tige cannelée.

258 — Fauteuil Louis XVI en bois sculpté et doré, recouvert en tapisserie du temps à médaillons, fables de La Fontaine, encadrés de guirlandes, sur fond jaune.

259 — Deux fauteuils Louis XVI, à dossiers ovales en bois sculpté et doré, recouverts en damas vert bronze.

260 — Grand fauteuil de l'époque Louis XIV, en noyer sculpté recouvert en tapisserie au petit point, à figures, animaux et ramages.

261 — Grande chaise longue en bois de noyer, de l'époque Louis XV, recouverte en peluche.

262 — Tabouret italien à pieds contournés, sculptés et dorés ; siège en damas vert bronze.

263 — Fauteuil Louis XVI, peint blanc et recouvert en velours de laine rouge.

264 — Fauteuil Louis XV, de forme contournée et à fleurettes sculptées; peint blanc et recouvert en tapisserie du XVIIIe siècle, à scènes d'animaux tirées des fables de La Fontaine, en des encadrements de fleurs avec entourage rouge.

265 — Quatre grandes chaises portugaises en cuir gaufré et ciselé, garnies de gros clous de cuivre. XVIIe siècle.

266 — Six chaises analogues, mais plus petites, avec, aux dossiers, les armes de l'Allemagne. XVIIe siècle.

267 — Chaise portugaise en cuir ciselé clouté de cuivre. XVIIe siècle.

268 — Deux chaises en noyer, à hauts dossiers surmontés de rinceaux sculptés, foncées de canne ; sièges en cuir doré.

269 — Deux chaises Louis XV en noyer sculpté, à fleurettes ; elles sont foncées de canne.

270 — Deux fauteuils Louis XIII à pieds et accoudoirs tors, garnis en velours vert frappé.

271 — Canapé et quatre fauteuils Louis XV et Louis XVI, couverts en velours vert frappé.

272 — Deux escabeaux italiens, en bois sculpté et rehaussé de dorure.

273 — Grande portière en drap rouge, décorée d'une armoirie de cardinal et d'une bordure à rinceaux en application de soie jaune. Italie. XVIIe siècle.

274 — Fragment de tapisserie du XVIe siècle, représentant le jeune Tobie et l'Ange.

275 — Deux portières verdures et un lambrequin.

276 — Grande tapisserie du XVIIe siècle, à personnages : Reine sur un trône. Cette tapisserie, coupée par le milieu, forme deux portières, avec un grand lambrequin.

277-278 — Deux tapisseries à sujets tirés de l'Ancien Testament.

279 — Grande tapisserie en largeur, de *Felletin*, verdure avec oiseaux, bordure à fleurs et feuillages, sur fond noir.

280 — Autre tapisserie analogue.

281 — Tapisserie en trois morceaux, analogue aux précédentes.

Armes : Fusils, revolver, armes, couteaux de chasse.

Mobilier d'atelier : Supports, planches, tréteaux, échelles, forge, enclume, étau, outils de sculpteur, nombreux plâtres.

Tentures murales : Rideaux.

Meubles de chambre à coucher : Literie, linge de ménage, vaisselle, verrerie, meubles de cuisine.

www.ingramcontent.com/pod-product-compliance
Ingram Content Group UK Ltd.
Pitfield, Milton Keynes, MK11 3LW, UK
UKHW021316190726
13839UKWH00007B/1887

9 782329 516554